Impressum
Verlag: BABADADA GmbH, Nedderfeld 112 , 22529 Hamburg
Geschäftsführer / Verlagsleitung: Harald Hof
Druck: Books on Demand GmbH, In de Tarpen 42, 22848 Norderstedt

Imprint
Publisher: BABADADA GmbH, Nedderfeld 112 , 22529 Hamburg, Germany
Managing Director / Publishing direction: Harald Hof
Print: Books on Demand GmbH, In de Tarpen 42, 22848 Norderstedt, Germany

школа
Szkoła

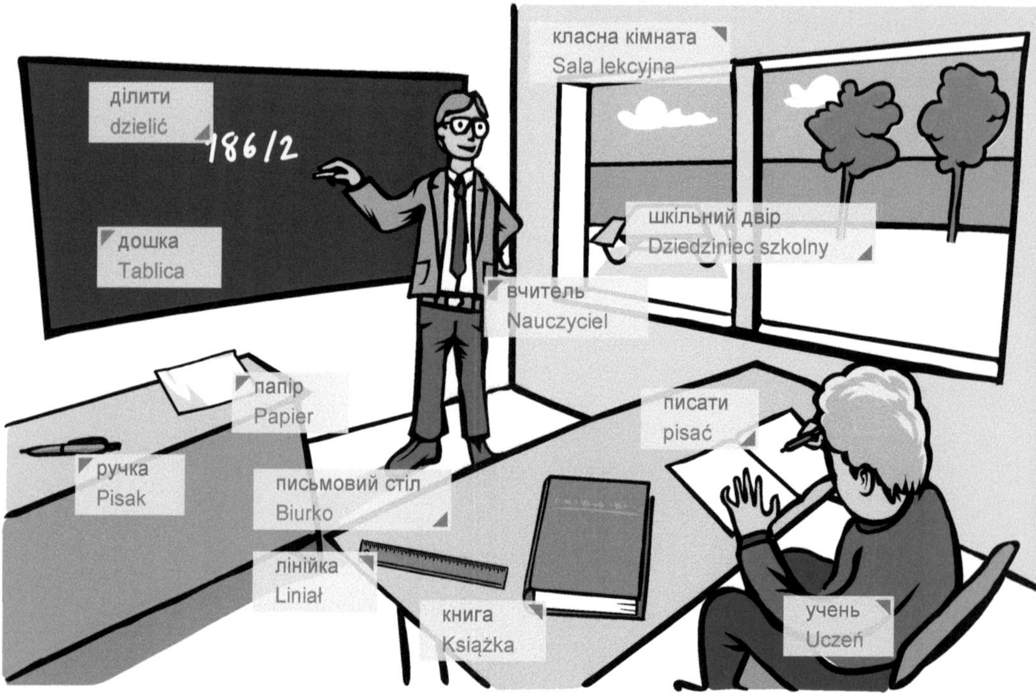

класна кімната
Sala lekcyjna
ділити
dzielić
186/2
дошка
Tablica
шкільний двір
Dziedziniec szkolny
вчитель
Nauczyciel
папір
Papier
писати
pisać
ручка
Pisak
письмовий стіл
Biurko
лінійка
Liniał
книга
Książka
учень
Uczeń

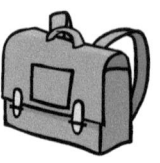

ранець
Plecak szkolny

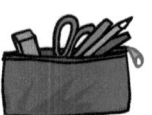

пенал
Piórnik

олівець
Ołówek

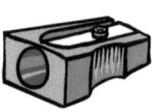

точило
Temperówka

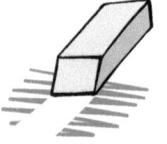

гумка
Gumka do mazania

альбом для малювання
Blok rysunkowy

малюнок

Rysunek

пензель

Pędzel

коробка фарб

Pudełko z akwarelami

ножиці

Nożyce

клей

Klej

зошит

Książka do ćwiczenia

домашнє завдання

Zadanie domowe

число

Liczba

додавати

dodawać

віднімати

odejmować

множити

mnożyć

рахувати

liczyć

літера

Litera

абетка

Alfabet

слово

Słowo

текст

Tekst

читати

czytać

крейда

Kreda

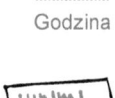

година

Godzina

класний журнал

Dziennik lekcyjny

екзамен

Egzamin

диплом

Świadectwo

шкільна форма

Mundurek szkolny

освіта

Wykształcenie

лексикон

Leksykon

університет

Uniwersytet

мікроскоп

Mikroskop

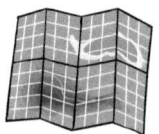

карта

Mapa

кошик для паперу

Kosz na odpadki

подорож
Podróż

готель
Hotel
Grand
турбаза
Schronisko
ROOMS
EXCHANGE
обмінний пункт
Kantor wymiany walut
валіза
Walizka
автомобіль
Auto

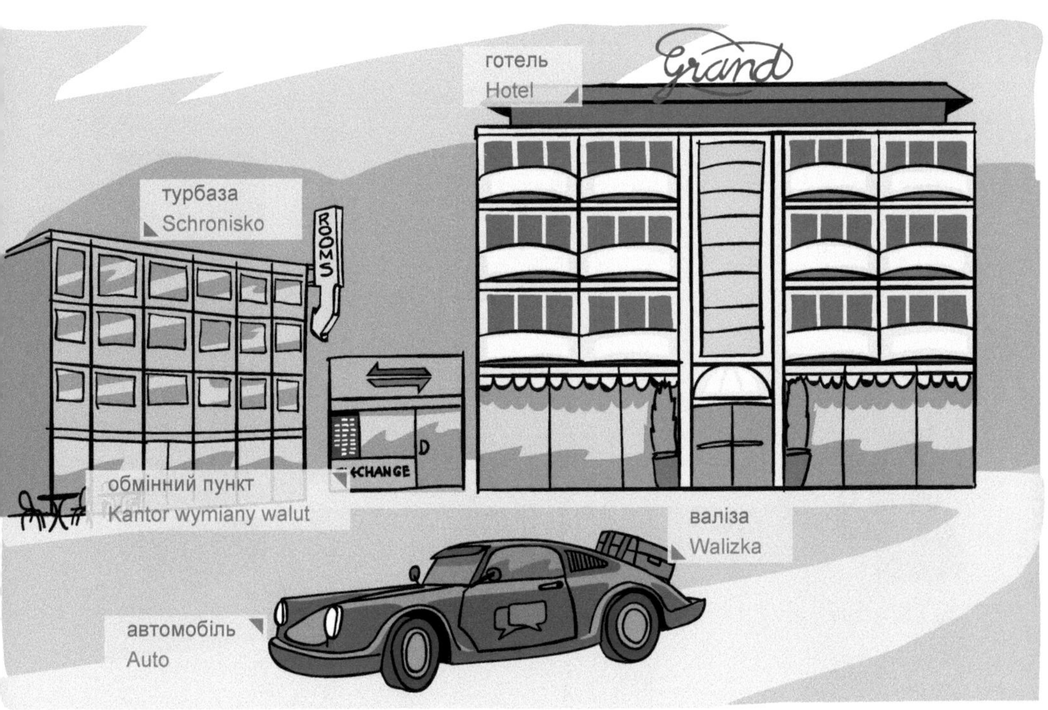

мова

Język

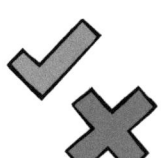

так / ні

tak / nie

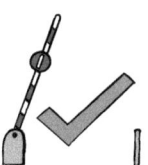

добре

OK

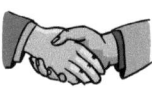

привіт

Halo

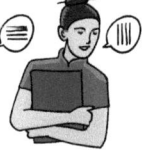

перекладач

Tłumacz

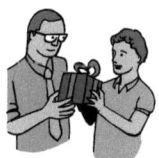

дякую

Dziękuję

Скільки коштує ...?

Ile kosztuje ...?

Я не розумію

Nie rozumiem

проблема

Problem

Добрий вечір!

Dobry wieczór!

Доброго ранку!

Dzień dobry!

На добраніч!

Dobranoc!

До побачення

Do widzenia

напрямок

Kierunek

багаж

Bagaż

сумка

Torba

рюкзак

Plecak

гість

Gość

кімната

Pokój

спальний мішок

Śpiwór

намет

Namiot

подорож - Podróż

туристична інформація

Informacja turystyczna

пляж

Plaża

кредитна картка

Karta kredytowa

сніданок

Śniadanie

обід

Obiad

вечеря

Kolacja

квиток

Bilet

ліфт

Winda

поштова марка

Znaczek na list

межа

Granica

митниця

Cło

посольство

Ambasada

віза

Wiza

паспорт

Paszport

транспорт
Transport

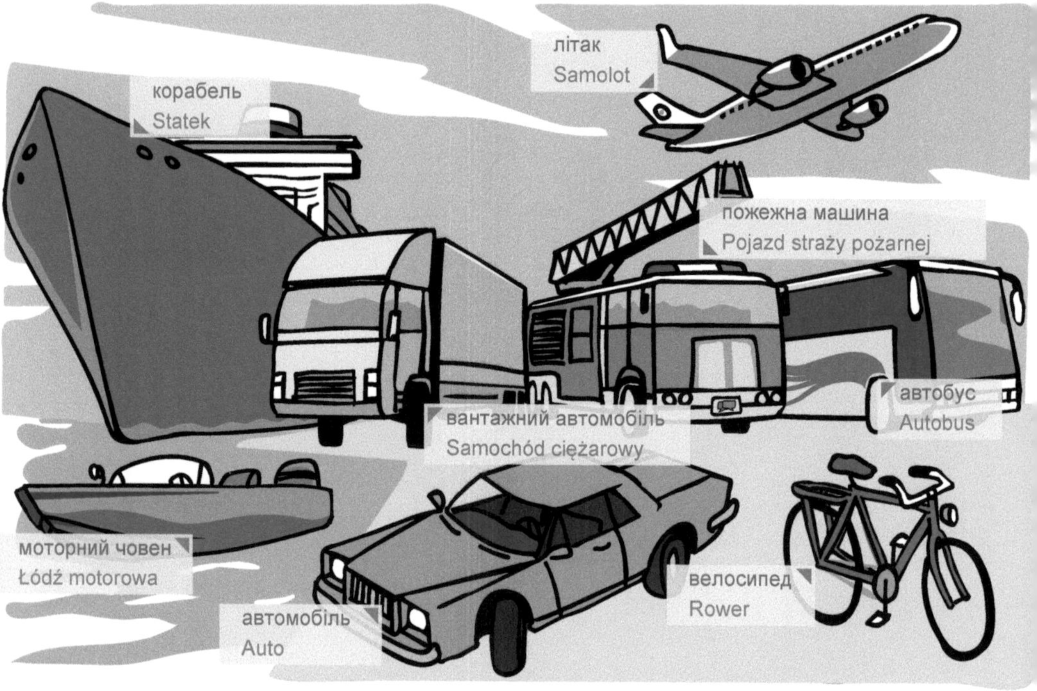

літак
Samolot
корабель
Statek
пожежна машина
Pojazd straży pożarnej
автобус
Autobus
вантажний автомобіль
Samochód ciężarowy
моторний човен
Łódź motorowa
велосипед
Rower
автомобіль
Auto

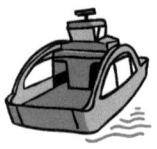

пором

Prom

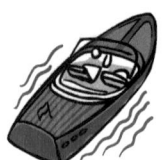

човен

Łódź

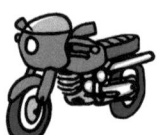

мотоцикл

Motocykl

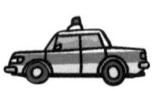

поліцейська машина

Radiowóz policyjny

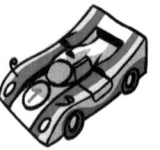

гоночний автомобіль

Samochód wyścigowy

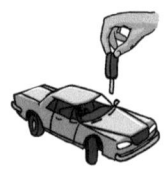

автомобіль на прокат

Samochód wypożyczony

спільне користування авто

Wspólne przejazdy
samochodem

евакуатор

Samochód pomocy
drogowej

сміттєвоз

Śmieciarka

двигун

Silnik

паливо

Benzyna

автозаправна станція

Stacja benzynowa

дорожній знак

Znak drogowy

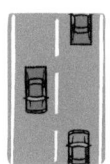

рух

Ruch

затор

Korek

стоянка

Parking

вокзал

Dworzec

рейки

Szyny

потяг

Pociąg

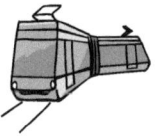

трамвай

Tramwaj

вагон

Wagon

гелікоптер

Helikopter

аеропорт

Lotnisko

вежа

Wieża

пасажир

Pasażer

контейнер

Kontener

коробка

Karton

візок

Taczka

кошик

Kosz

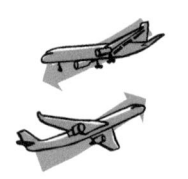

стартувати / приземлятися

startować / lądować

місто

Miasto

село

Wieś

центр міста

Centrum miasta

дім

Dom

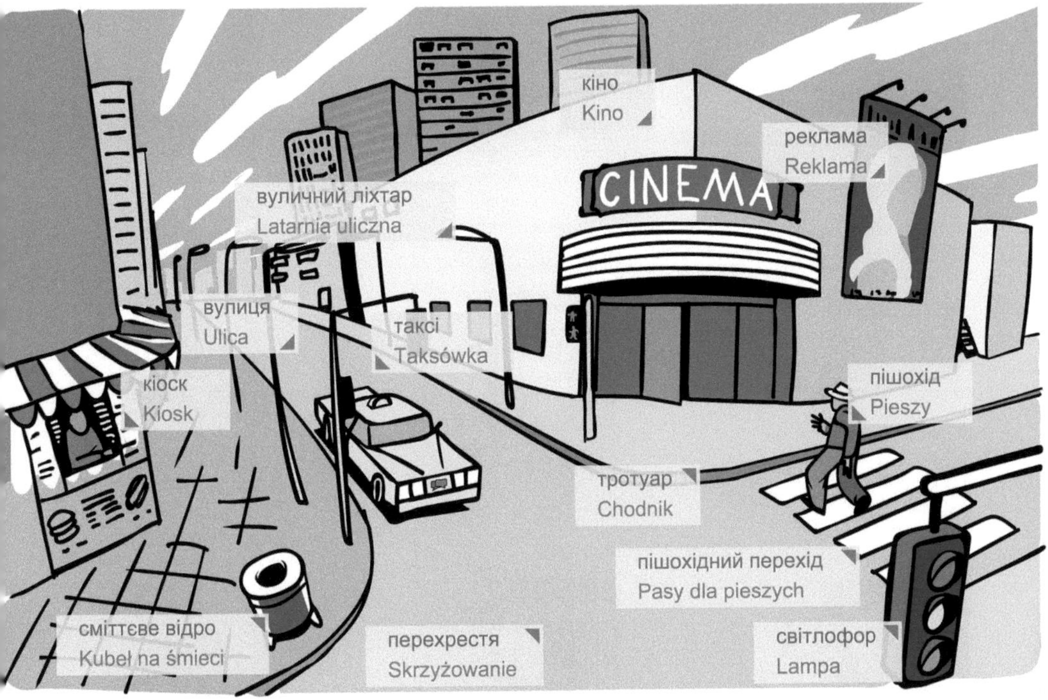

кіно
Kino

реклама
Reklama

вуличний ліхтар
Latarnia uliczna

CINEMA

вулиця
Ulica

таксі
Taksówka

пішохід
Pieszy

кіоск
Kiosk

тротуар
Chodnik

пішохідний перехід
Pasy dla pieszych

світлофор
Lampa

сміттєве відро
Kubeł na śmieci

перехрестя
Skrzyżowanie

хатина

Chata

квартира

Mieszkanie

вокзал

Dworzec

ратуша

Ratusz

музей

Muzeum

школа

Szkoła

університет

Uniwersytet

банк

Bank

лікарня

Szpital

готель

Hotel

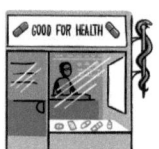

аптека

Apteka

офіс

Biuro

книжковий магазин

Księgarnia

магазин

Sklep

квітковий магазин

Kwiaciarnia

супермаркет

Supermarket

ринок

Rynek

універмаг

Dom towarowy

торговець рибою

Sklep z rybami

торговельний центр

Centrum handlowe

гавань

Port

парк

Park

лава

Ławka

міст

Most

сходи

Schody

метро

Metro

тунель

Tunel

автобусна зупинка

Przystanek autobusowy

бар

Bar

ресторан

Restauracja

поштова скринька

Skrzynka na listy

вулична табличка

Tabliczka z nazwą ulicy

лічильник паркування

Parkometr

зоопарк

Zoo

басейн

Łaźnia

мечеть

Meczet

ферма

Gospodarstwo chłopskie

забруднення навколишнього середовища

Zanieczyszczenie środowiska

кладовище

Cmentarz

церква

Kościół

дитячий майданчик

Plac zabaw

храм

Świątynia

ландшафт
Krajobraz

листок
Liść

вказівний стовп
Drogowskaz

шлях
Droga

луг
Łąka

камінь
Kamień

дерево
Drzewo

мандрівник
Wędrowiec

річка
Rzeka

трава
Trawa

квітка
Kwiat

долина

Dolina

гора

Góra

озеро

Jezioro

ліс

Las

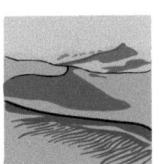

пустеля

Pustynia

вулкан

Wulkan

замок

Zamek

веселка

Tęcza

гриб

Grzyb

пальма

Palma

комар

Komar

муха

Mucha

мурашка

Mrówka

бджола

Pszczoła

павук

Pająk

жук

Chrząszcz

жаба

Żaba

вивірка

Wiewiórka

їжак

Jeż

заєць

Zając

сова

Sowa

птах

Ptak

лебідь

Łabędź

кабан

Dzik

олень

Jeleń

лось

Łoś

гребля

Tama

вітряк

Wiatrak

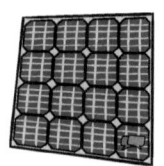

сонячний модуль

Moduł solarny

клімат

Klimat

ресторан
Restauracja

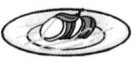

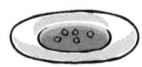

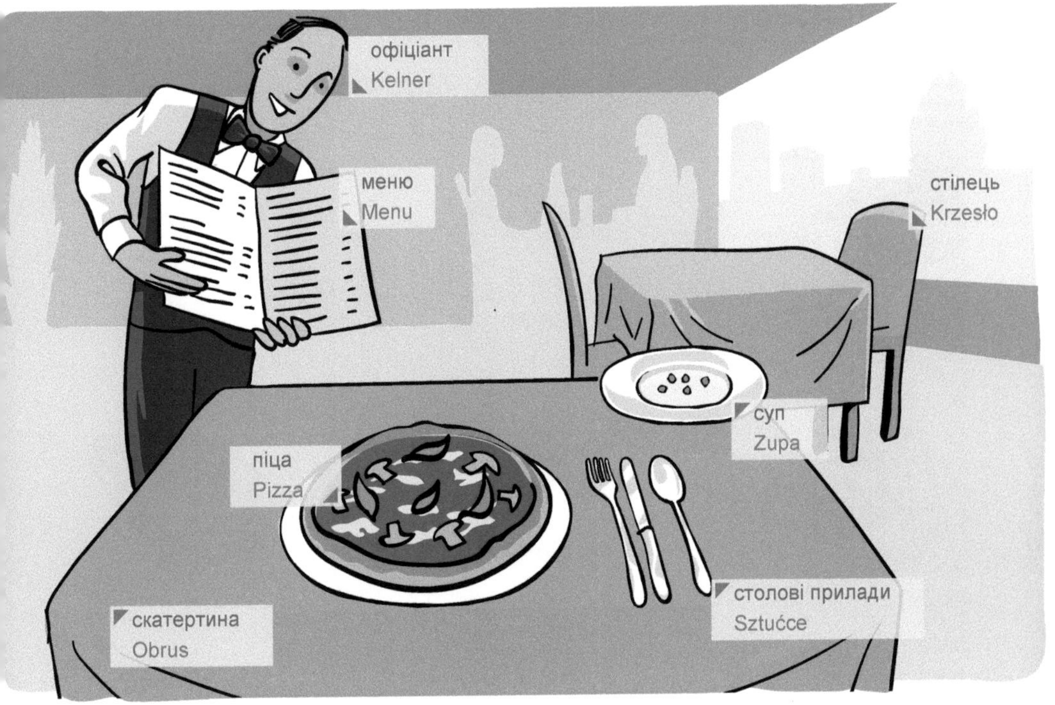

офіціант
Kelner
меню
Menu
стілець
Krzesło
суп
Zupa
піца
Pizza
столові прилади
Sztućce
скатертина
Obrus

закуска

Przystawka

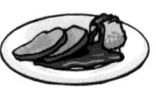

друга страва

Danie główne

десерт

Deser

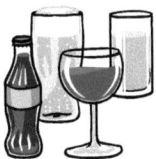

напої

Napoje

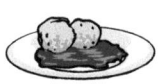

їжа

Jedzenie

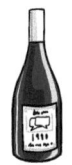

пляшка

Butelka

фаст-фуд

Fastfood

вулична їжа

Streetfood

чайник

Dzbanek na herbatę

цукорниця

Cukierniczka

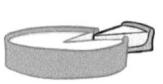

порція

Porcja

еспресо-машина

Zaparzarka do espresso

високий стільчик

Krzesło dla dziecka

рахунок

Rachunek

піднос

Taca

ніж

Noż

вилка

Widelec

ложка

Łyżka

чайна ложка

Łyżeczka

серветка

Serwetka

склянка

Szklanka

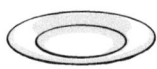

тарілка

Talerz

тарілка для супу

Talerz do zupy

блюдце

Podstawek pod filiżankę

соус

Sos

солонка

Solniczka

млин для перцю

Młynek do pieprzu

оцет

Ocet

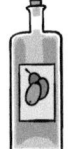

масло

Olej

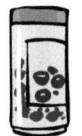

спеції

Przyprawy

кетчуп

Keczup

гірчиця

Musztarda

майонез

Majonez

супермаркет
Supermarket

пропозиція
Oferta
FOR
клієнт
Klient
молочні продукти
Produkty mleczne
фрукти
Owoce
візок для покупок
Wózek sklepowy

BUTCHERS

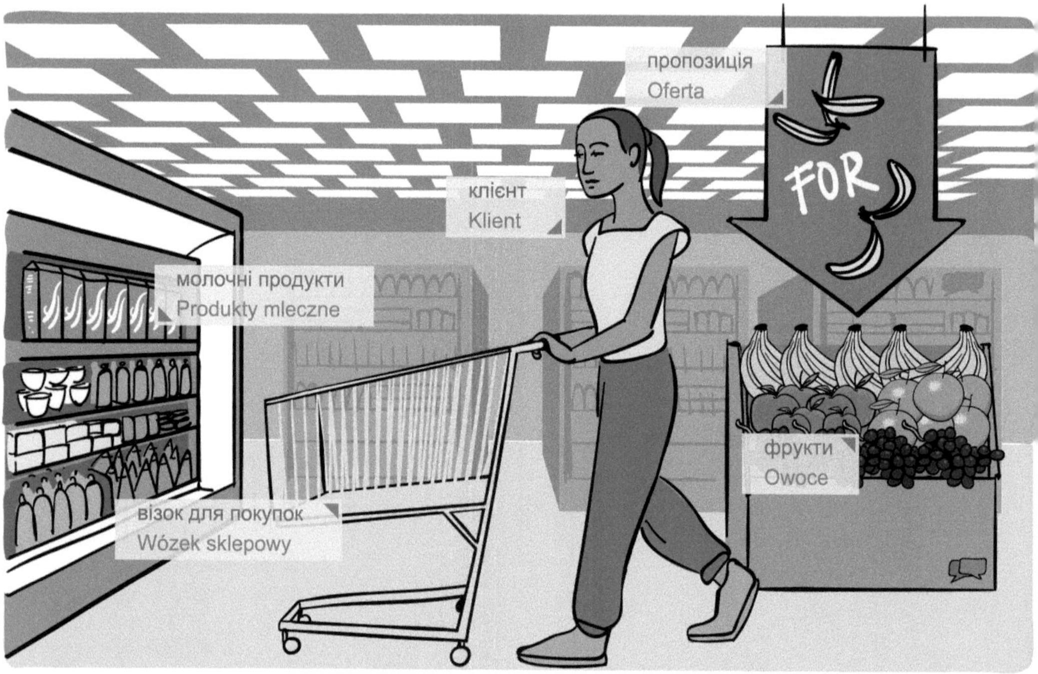

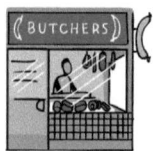

м'ясний магазин

Rzeźnia

BAKERY

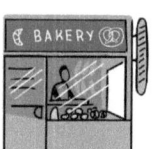

пекарня

Piekarnia

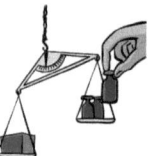

зважувати

ważyć

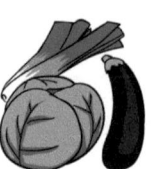

овочі

Warzywa

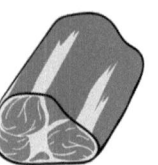

м'ясо

Mięso

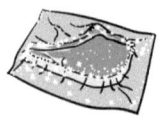

заморожені продукти

Mrożonki

ковбасна нарізка

Wędliny

консерви

Konserwy

пральний порошок

Proszek m do prania

солодощи

Słodycze

предмети домашнього побуту

Artykuły użytku domowego

мийний засіб

Środek czyszczący

продавщиця

Sprzedawczyni

каса

Kasa

касир

Kasjer

список покупок

Lista zakupów

часи роботи

Godziny otwarcia

гаманець

Portfel

кредитна картка

Karta kredytowa

сумка

Torba

поліетиленовий пакет

Torebka plastikowa

вода

Woda

сік

Sok

молоко

Mleko

кола

Cola

вино

Wino

пиво

Piwo

алкоголь

Alkohol

какао

Kakao

чай

Herbata

кава

Kawa

еспресо

Espresso

капучіно

Cappuccino

банан

Banan

яблуко

Jabłko

апельсин

Pomarańcza

кавун

Arbuz

лимон

Cytryna

морква

Marchew

часник

Czosnek

бамбук

Bambus

цибуля

Cebula

гриб

Grzyb

горішки

Orzechy

локшина

Makaron

спагеті

Spaghetti

рис

Ryż

салат

Sałatka

картопля фрі

Frytki

смажена картопля

Ziemniaki pieczone

піца

Pizza

гамбургер

Hamburger

бутерброд

Kanapka

шніцель

Sznycel

шинка

Szynka

салямі

Salami

ковбаса

Kiełbasa

курка

Kura

печеня

Pieczeń

риба

Ryba

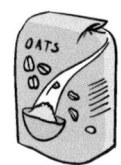

вівсяні пластівці

Płatki owsiane

мюслі

Musli

кукурудзяні пластівці

Płatki kukurydziane

борошно

Mąka

круасан

Croissant

булочка

Bułka

хліб

Chleb

тостовий хліб

Toast

печиво

Ciastka

масло

Masło

сир

Twarożek

пиріг

Ciasto

яйце

Jajko

яєчня

Jajko sadzone

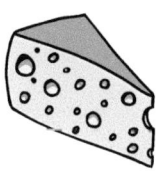

сир

Ser

морозиво

Lody

цукор

Cukier

мед

Miód

мармелад

Marmolada

нуга-крем

Krem nugatowy

карі

Curry

ферма
Gospodarstwo chłopskie

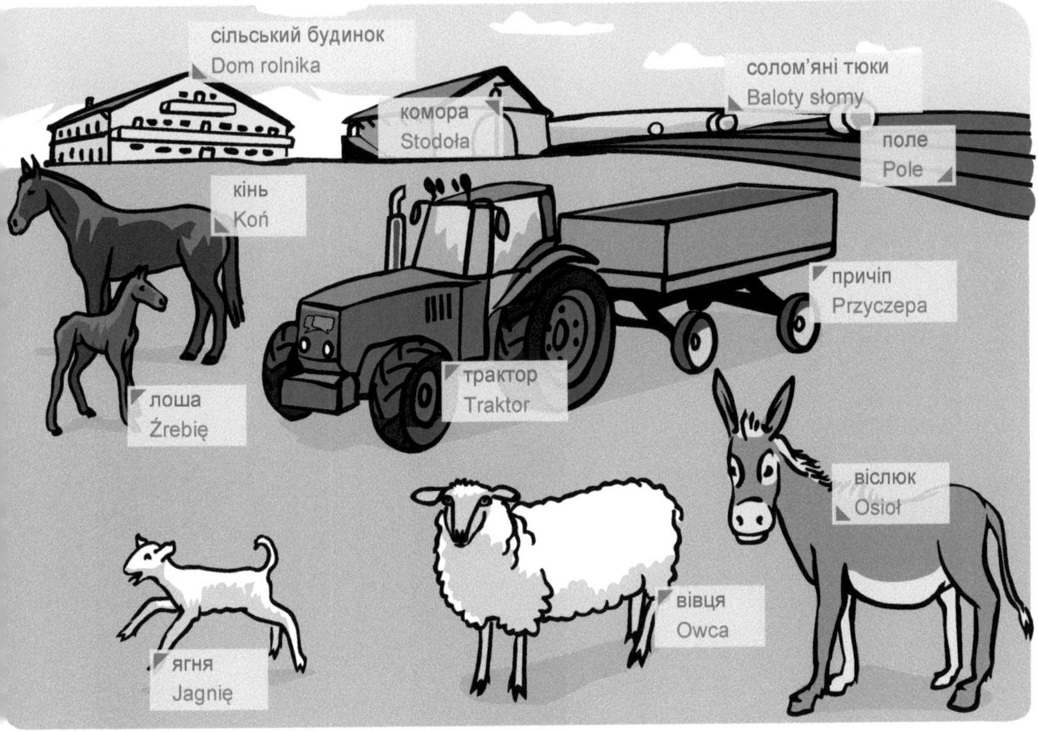
сільський будинок
Dom rolnika
солом'яні тюки
Baloty słomy
комора
Stodoła
поле
Pole
кінь
Koń
причіп
Przyczepa
трактор
Traktor
лоша
Źrebię
віслюк
Osioł
вівця
Owca
ягня
Jagnię

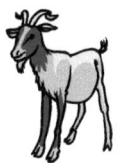

коза

Koza

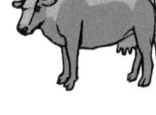

корова

Krowa

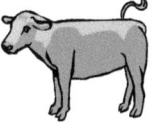

теля

Cielę

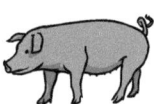

свиня

Świnia

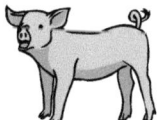

порося

Prosię

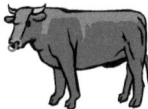

бик

Byk

гусак

Gęś

качка

Kaczka

курча

Kurczątko

курка

Kura

півень

Kogut

щур

Szczur

кіт

Kot

миша

Mysz

віл

Osioł

собака

Pies

собача будка

Buda dla psa

садовий шланг

Wąż ogrodowy

лійка

Konewka

коса

Kosa

плуг

Pług

серп

Sierp

мотика

Graca

вила

Widły

сокира

Siekiera

тачка

Taczka

корито

Koryto

бідон молока

Kanka na mleko

мішок

Worek

паркан

Płot

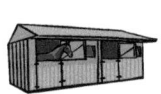

хлів

Stajnia

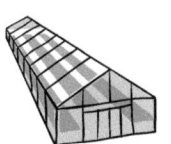

теплиця

Szklarnia

ґрунт

Ziemia

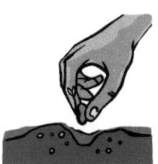

насіння

Nasiona

добриво

Nawóz

комбайн

Kombajn zbożowy

пожинати

zbierać

урожай

Żniwa

корінь ямсу

Podchrzyn

пшениця

Pszenica

соя

Soja

картопля

Ziemniak

кукурудза

Kukurydza

ріпак

Rzepak

плодове дерево

Drzewo owocowe

маніок

Maniok

злаки

Zboże

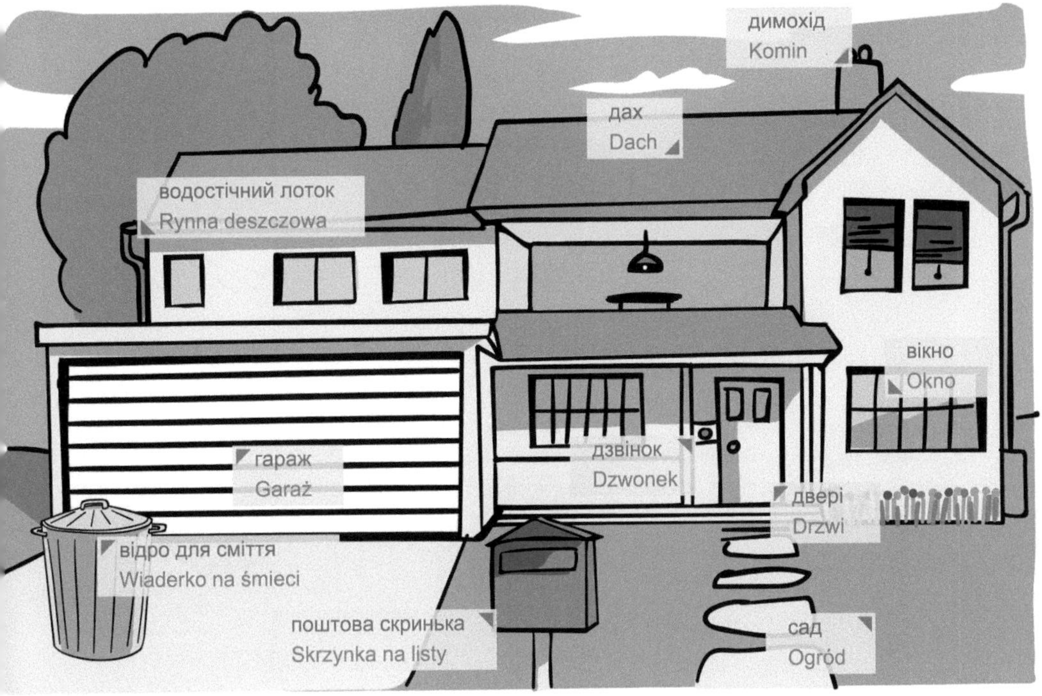

димохід
Komin

дах
Dach

водостічний лоток
Rynna deszczowa

вікно
Okno

гараж
Garaż

дзвінок
Dzwonek

двері
Drzwi

відро для сміття
Wiaderko na śmieci

поштова скринька
Skrzynka na listy

сад
Ogród

вітальня

Pokój dzienny

ванна кімната

Łazienka

кухня

Kuchnia

спальня

Sypialnia

дитяча кімната

Pokój dziecięcy

їдальня

Jadalnia

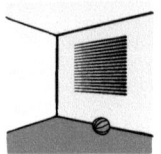

підлога

Ziemia

стіна

Ściana

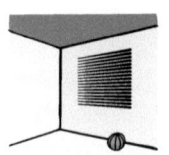

стеля

Koc

підвал

Piwnica

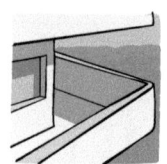

сауна

Sauna

балкон

Balkon

тераса

Taras

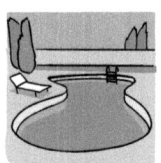

басейн

Basen

косарка

Kosiarka do trawy

простирало

Poszwa

ковдра

Kołdra

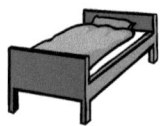

ліжко

Łóżko

мітла

Miotła

відро

Wiadro

перемикач

Włącznik

вітальня
Pokój dzienny

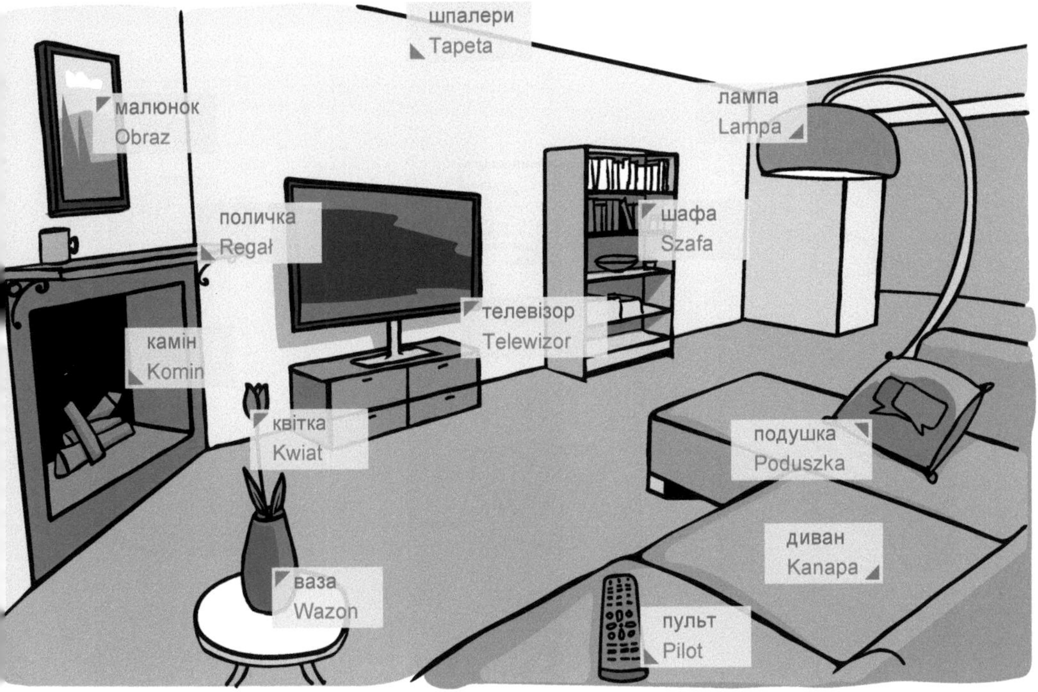
шпалери
Tapeta
малюнок
Obraz
лампа
Lampa
поличка
Regał
шафа
Szafa
телевізор
Telewizor
камін
Komin
квітка
Kwiat
подушка
Poduszka
диван
Kanapa
ваза
Wazon
пульт
Pilot

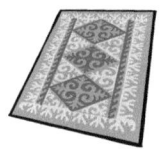

килим

Dywan

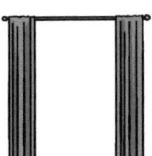

завіса

Zasłona

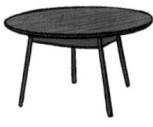

стіл

Stół

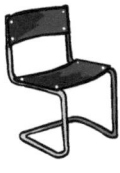

стілець

Krzesło

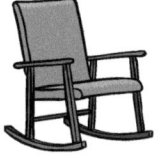

крісло-гойдалка

Bujak

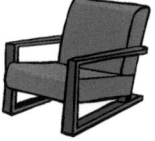

крісло

Fotel

книга

Książka

ковдра

Sufit

прикраса

Dekoracja

дрова

Drewno kominkowe

фільм

Film

стереосистема

Instalacja stereo

ключ

Klucz

газета

Gazeta

картина

Malunek

плакат

Plakat

радіо

Radio

блокнот

Notatnik

пилосос

Odkurzacz

кактус

Kaktus

свічка

Świeczka

кухня
Kuchnia

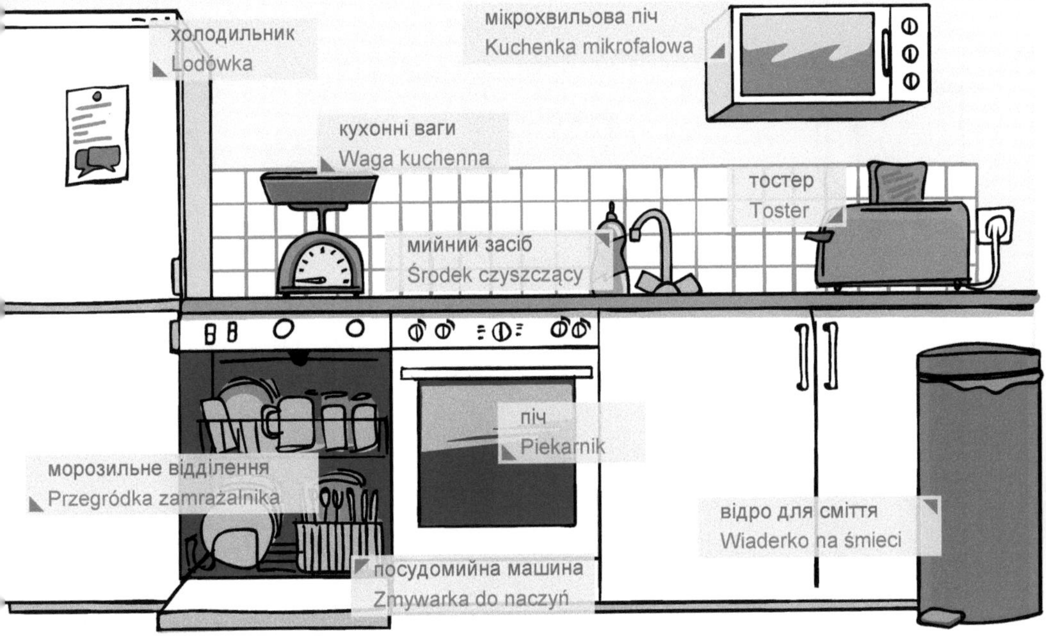

холодильник
Lodówka
мікрохвильова піч
Kuchenka mikrofalowa
кухонні ваги
Waga kuchenna
тостер
Toster
мийний засіб
Środek czyszczący
піч
Piekarnik
морозильне відділення
Przegródka zamrażalnika
відро для сміття
Wiaderko na śmieci
посудомийна машина
Zmywarka do naczyń

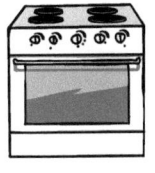

плита

Kuchenka

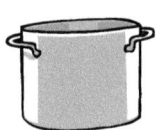

горщик

Garnek

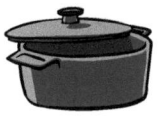

чавунний горщик

Kocioł żeliwny

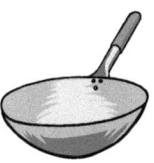

вок / кадай

Wok / Kadai

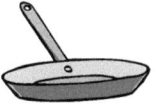

сковорода

Patelnia

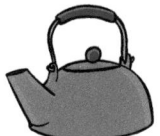

чайник

Czajnik

пароварка

Parowar

лист

Blacha do pieczenia

посуд

Naczynia kuchenne

кухоль

Kubek

чаша

Miska

палички для їжі

Pałeczki

черпак

Nabierka

лопатка

Łopatka do smażenia

вінчик для збивання

Trzepaczka do śmietany

сито

Cedzak

сито

Sitko

терка

Tarka

ступка

Moździerz

барбекю

Grillowanie

багаття

Palenisko

дошка

Deska

качалка

Wałek do ciasta

штопор

Korkociąg

конзерва

Puszka

відкривачка

Otwieracz do puszek

прихватки

Ściereczka do trzymania garnka

раковина

Umywalka

щітка

Szczotka

губка

Gąbka

міксер

Mikser

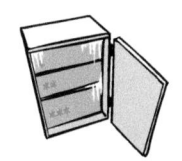

морозильна камера

Zamrażarka

дитяча пляшка

Butelka dla niemowlęcia

кран

Kran

ванна кімната
Łazienka

опалення
Ogrzewanie
душ
Prysznic
рушник
Ręcznik
душова завіса
Kotara prysznicowa
піниста ванна
Płyn do kąpieli
ванна
Wanna kąpielowa
склянка
Szklanka
пральна машина
Pralka
кран
Kran
плитка
Kafelki
горшок
Nocnik
раковина
Umywalka

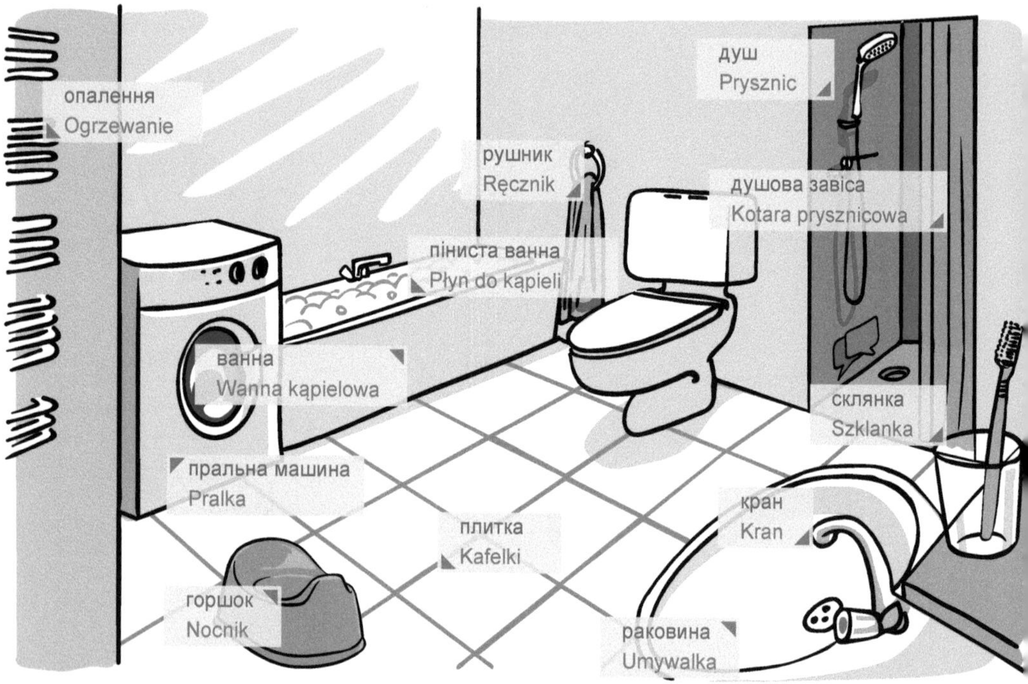

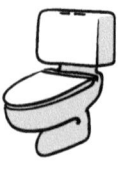

туалет

Toaleta

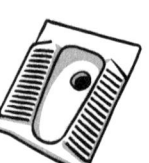

підлоговий туалет

Toaleta kuczna

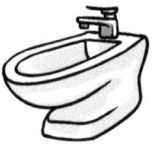

біде

Bidet

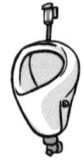

пісуар

Pisuar

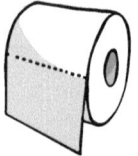

туалетний папір

Papier toaletowy

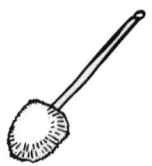

щітка для туалету

Szczotka toaletowa

зубна щітка

Szczoteczka do zębów

зубна паста

Pasta do zębów

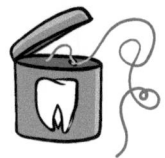

нитка для чищення зубів

Nitki do czyszczenia zębów

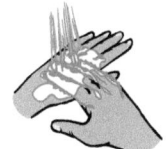

мити

myć

ручний душ

Głowica prysznicowa

інтимний душ

Płyn kąpielowy do higieny intymnej

таз

Miska do mycia

щітка для спини

Szczotka kąpielowa

мило

Mydło

гель для душу

Żel prysznicowy

шампунь

Szampon

мочалка

Rękawica kąpielowa

водостік

Odpływ

крем

Krem

дезодорант

Dezodorant

дзеркало

Lustro

косметичне дзеркало

Lustro kosmetyczne

бритва

Golarka

піна для гоління

Pianka do golenia

лосьйон після гоління

Woda po goleniu

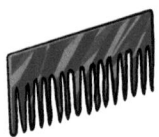

гребінь

Grzebień

щітка

Szczotka

фен

Suszarka do włosów

лак для волосся

Spray do włosów

косметика

Makijaż

губна помада

Pomadka

лак для нігтів

Lakier do paznokci

вата

Wata

ножиці для нігтів

Nożyczki do paznokci

парфум

Perfum

косметичка

Kosmetyczka

табурет

Taboret

ваги

Waga

халат

Szlafrok kąpielowy

гумові рукавички

Rękawice gumowe

тампон

Tampon

гігієнічні прокладки

Podpaska damska

біотуалет

Toaleta chemiczna

дитяча кімната
Pokój dziecięcy

будильник
Budzik
м'яка іграшка
Pluszowa przytulanka
іграшковий автомобіль
Samochodzik
брязкальце
Grzechotka
ляльковий будиночок
Domek dla lalek
подарунок
Prezent

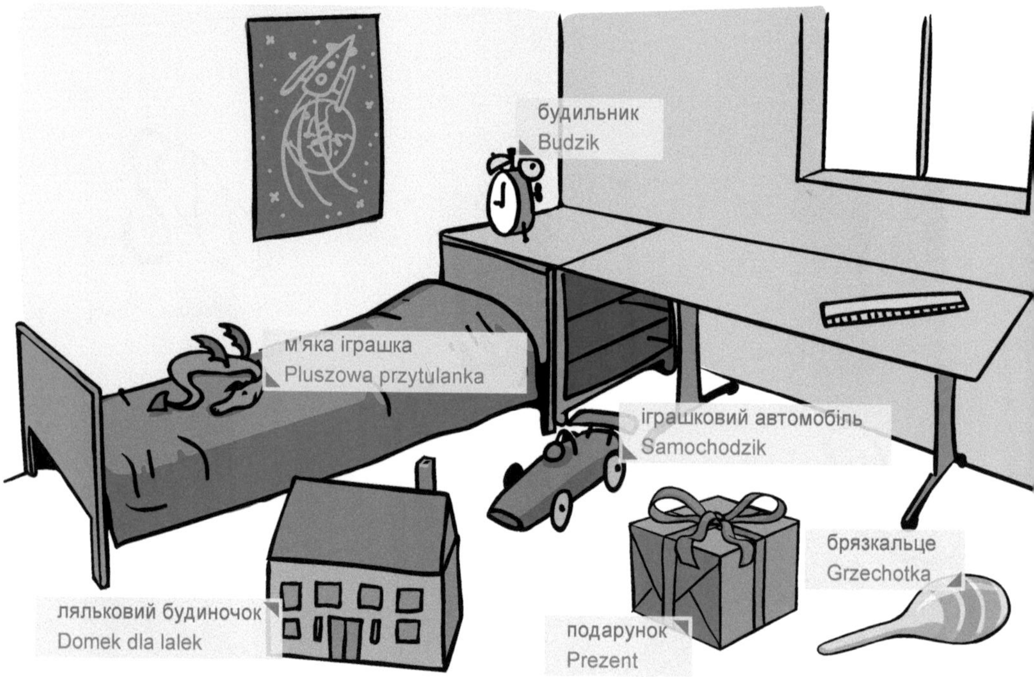

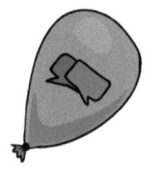

повітряна кулька

Balon

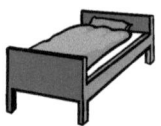

ліжко

Łóżko

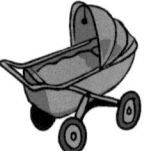

дитячий візок

Wózek dziecięcy

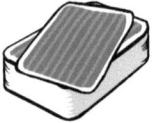

картярська гра

Gra w karty

пазл

Puzzle

SUPER
MEGA

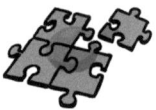

комікс

Komiks

лего цеглинки

Klocki lego

блоки

Klocki

іграшкова фігурка

Action figura

повзунки

Śpioszek dziecięcy

фризбі

Frisbee

мобіле

Zabawki ruchome

настільна гра

Gra planszowa

кубик

Kości

модель залізнична станція

Kolejka elektryczna

соска

Smoczek

вечірка

Przyjęcie

книжка з картинками

Książka z ilustracjami

м'яч

Piłka

лялька

Lalka

грати

bawić się

пісочниця

Piaskownica

гойдалка

Huśtawka

іграшка

Zabawki

гральна консоль

Konsola do gier

триколісний велосипед

Rowerek trójkołowy

плюшевий мішка

Pluszowy miś

шафа

Szafa ubraniowa

одяг

Ubiór

шкарпетки

Skarpety

панчохи

Pończochy

колготки

Rajstopy

шарф
Szal

парасоля
Parasol

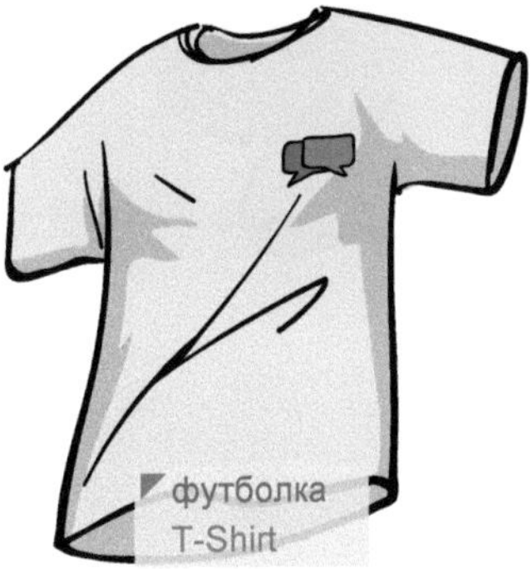

ремінь
Pasek

футболка
T-Shirt

чоботи
Kozaki

домашнє взуття
Pantofle domowe

кросівки
Obuwie sportowe

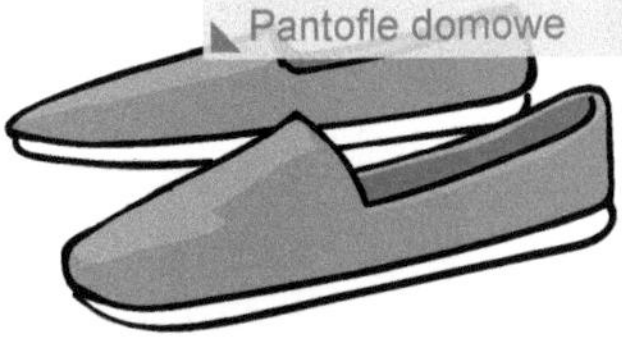

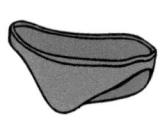

сандалі
Sandały

взуття
Buty

гумові чоботи
Kalosze

труси
Majtki

бюстгальтер
Biustonosz

нижня сорочка
Podkoszulek

боді

Body

штани

Spodnie

джинси

Dżins

спідниця

Spódnica

блузка

Bluzka

сорочка

Koszula

пуловер

Pulower

светр

Bluza sportowa

піджак

Marynarka

куртка

Kurtka

пальто

Płaszcz

дощовик

Płaszcz przeciwdeszczowy

костюм

Kostium

сукня

Sukienka

весільна сукня

Suknia ślubna

костюм

Garnitur męski

нічна сорочка

Koszula nocna

піжама

Piżama

сарі

Sari

головна хустка

Chusta na głowę

чалма

Turban

бурка

Burka

кафтан

Kaftan

абая

Abaya

купальник

Strój kąpielowy

плавки

Kąpielówki

шорти

Krótkie spodnie

тренувальний костюм

Dres sportowy

фартух

Fartuch

рукавички

Rękawiczki

гудзик

Guzik

окуляри

Okulary

браслет

Bransoletka

ланцюг

Łańcuszek

кільце

Pierścionek

сережка

Kolczyk

шапка

Czapka

плічка

Wieszak

капелюх

Kapelusz

краватка

Krawat

застібка-блискавка

Zamek błyskawiczny

шолом

Kask

підтяжки

Szelki

шкільна форма

Mundurek szkolny

уніформа

Mundur

нагрудник

Śliniaczek

соска

Smoczek

підгузок

Pieluszka

офіс
Biuro

сервер
Serwer

шаф для документів
Szafa na akta

принтер
Drukarka

монітор
Monitor

папір
Papier

миша
Mysz

письмовий стіл
Biurko

папка
Segregator

синтезатор
Klawiatura

стілець
Krzesło

кошик для паперу
Kosz na odpadki

комп'ютер
Komputer

кавовий кухоль

Filiżanka do kawy

калькулятор

Kalkulator

інтернет

Internet

ноутбук

Laptop

лист

List

повідомлення

Wiadomość

мобільний телефон

Komórka

мережа

Sieć

копіювальний пристрій

Kopiarka

програмне забезпечення

Oprogramowanie

телефон

Telefon

розетка

Gniazdko

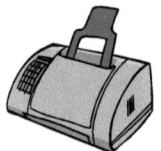

факс

Faks

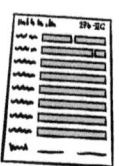

бланк

Formularz

документ

Dokument

купувати

kupić

платити

płacić

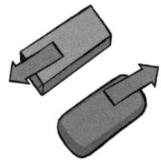

торгувати

postępować

гроші

Pieniądze

долар

Dolar

євро

Euro

ієна

Jen

рубль

Rubel

франк

Frank

юанів женьміньбі

Juan Renminbi

рупія

Rupia

банкомат

Bankomat

обмінний пункт

Kantor wymiany walut

золото

Złoto

срібло

Srebro

нафта

Olej

енергія

Energia

ціна

Cena

контракт

Umowa

податок

Podatek

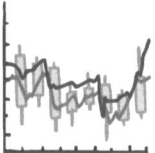

акція

Akcja

працювати

pracować

працівник

Pracownik umysłowy

роботодавець

Pracodawca

фабрика

Fabryka

магазин

Sklep

професії
Zawody

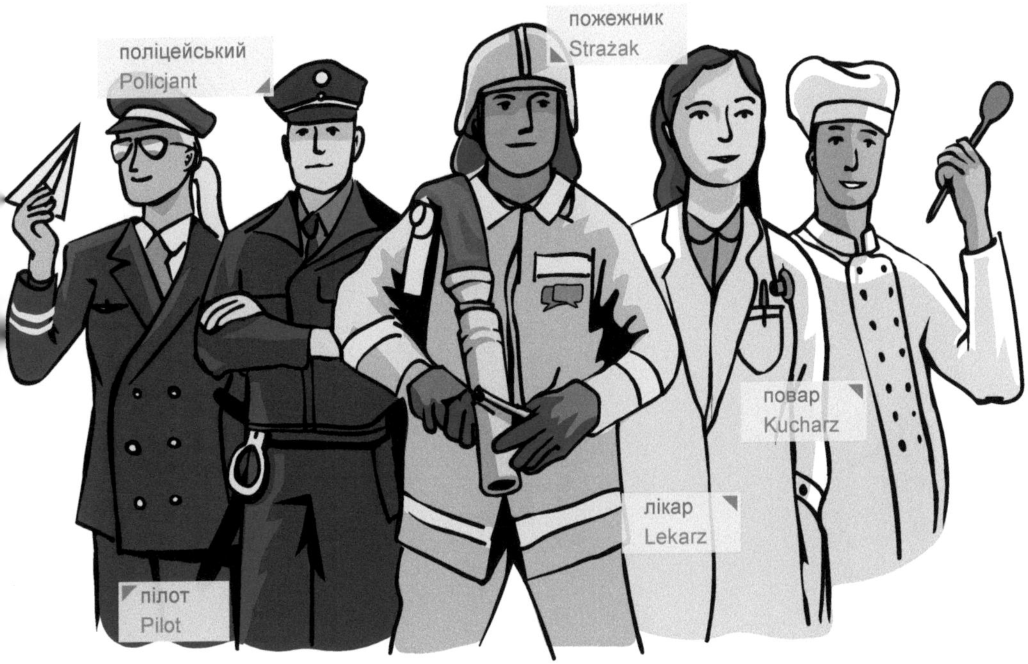
поліцейський
Policjant
пожежник
Strażak
повар
Kucharz
лікар
Lekarz
пілот
Pilot

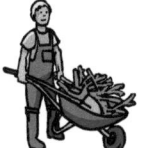

садівник

Ogrodnik

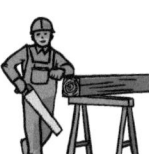

столяр

Stolarz

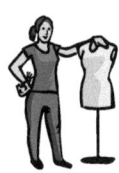

швачка

Krawcowa

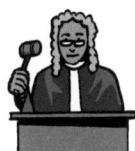

суддя

Sędzia

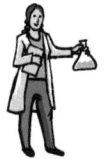

хімік

Chemik

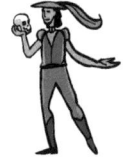

актор

Aktor

водій автобуса

Kierowca autobusu

таксист

Taksówkarz

рибалка

Fischer

прибиральниця

Sprzątaczka

покрівельник

Dekarz

офіціант

Kelner

мисливець

Myśliwy

художник

Malarz

пекар

Piekarz

електрик

Elektryk

будівельник

Robotnik budowlany

інженер

Inżynier

забійник

Rzeźnik

бляхар

Instalator

листоноша

Listonosz

солдат

Żołnierz

архітектор

Architekt

касир

Kasjer

флорист

Florysta

перукар

Fryzjer

кондуктор

Konduktor

механік

Mechanik

капітан

Kapitan

дантист

Dentysta

вчений

Naukowiec

рабин

Rabin

імам

Imam

монах

Mnich

пастор

Proboszcz

інструменти
Narzędzia

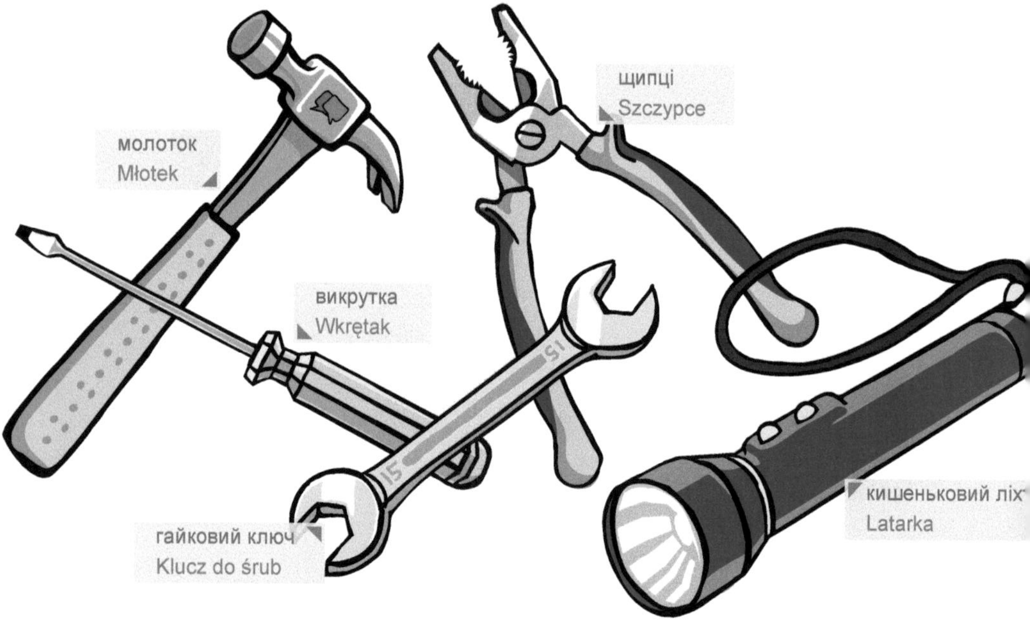
молоток
Młotek
щипці
Szczypce
викрутка
Wkrętak
гайковий ключ
Klucz do śrub
кишеньковий ліх
Latarka

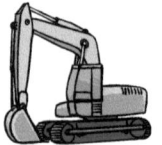

екскаватор

Koparka

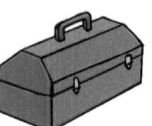

ящик для інструментів

Skrzynka narzędziowa

драбина

Drabina

пилка

Piła

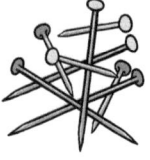

цвяхи

Gwoździe

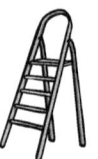

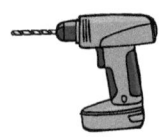

свердло

Wiertło

ремонтувати
naprawić

лопата
Łopatka

лайно!
Cholera!

совок
Szufelka

відро з фарбою
Puszka z farbą

гвинти
Śruby

музичні інструменти
Instrumenty muzyczne

ударна установка
Perkusja

динамік
Głośnik

контрабас
Kontrabas

труба
Trąbka

гітара
Gitara

фортепіано

Pianino

скрипка

Skrzypce

бас

Bas

литаври

Kotły

барабан

Bęben

клавіатура

Keyboard

саксофон

Saksofon

флейта

Flet

мікрофон

Mikrofon

зоопарк

Zoo

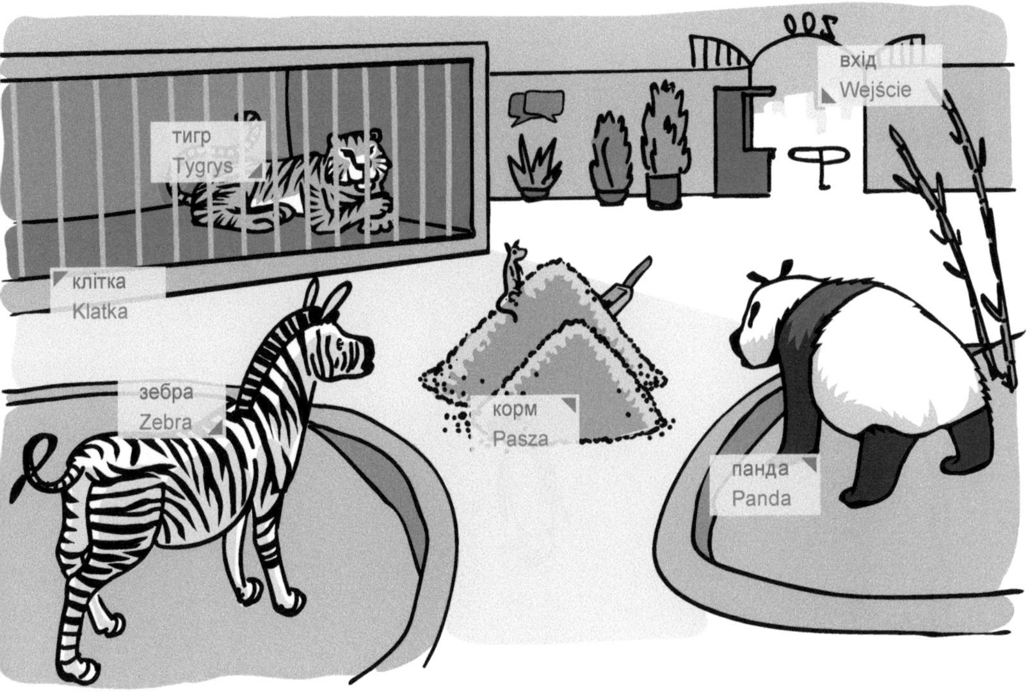
тигр
Tygrys
вхід
Wejście
клітка
Klatka
зебра
Zebra
корм
Pasza
панда
Panda

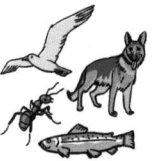

тварини

Zwierzęta

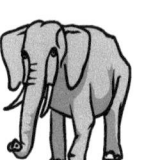

слон

Słoń

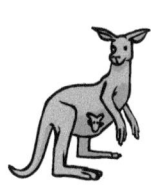

кенгуру

Kangur

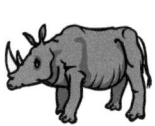

носоріг

Nosorożec

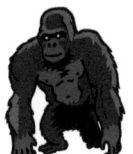

горила

Goryl

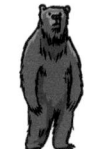

ведмідь

Niedźwiedź

верблюд

Wielbłąd

страус

Struś

лев

Lew

мавпа

Małpa

фламінго

Fleming

папуга

Papuga

білий ведмідь

Niedźwiedź polarny

пінгвін

Pingwin

акула

Rekin

павич

Paw

змія

Wąż

крокодил

Krokodyl

працівник зоопарку

Dozorca w zoo

тюлень

Foka

ягуар

Jaguar

поні

Kucyk

леопард

Gepard

гіпопотам

Hipopotam

жираф

Żyrafa

орел

Orzeł

кабан

Dzik

риба

Ryba

черепаха

Żółw

морж

Mors

лисиця

Lis

газель

Gazela

американський футбол
Futbol amerykański

їзда на велосипеді
Kolarstwo

теніс
Tenis

баскетбол
Koszykówka

плавання
Pływanie

бокс
Boks

хокей
Hokej na lodzie

футбол
Piłka nożna

бадмінтон
Badminton

легка атлетика
Lekka atletyka

гандбол
Piłka ręczna

лижні перегони
Narciarstwo

поло
Polo

дії
Działania

стрибати
skakać
обіймати
objąć
сміятися
śmiać się
йти
iść
співати
śpiewać
мріяти
marzyć
молитися
modlić się
цілувати
całować

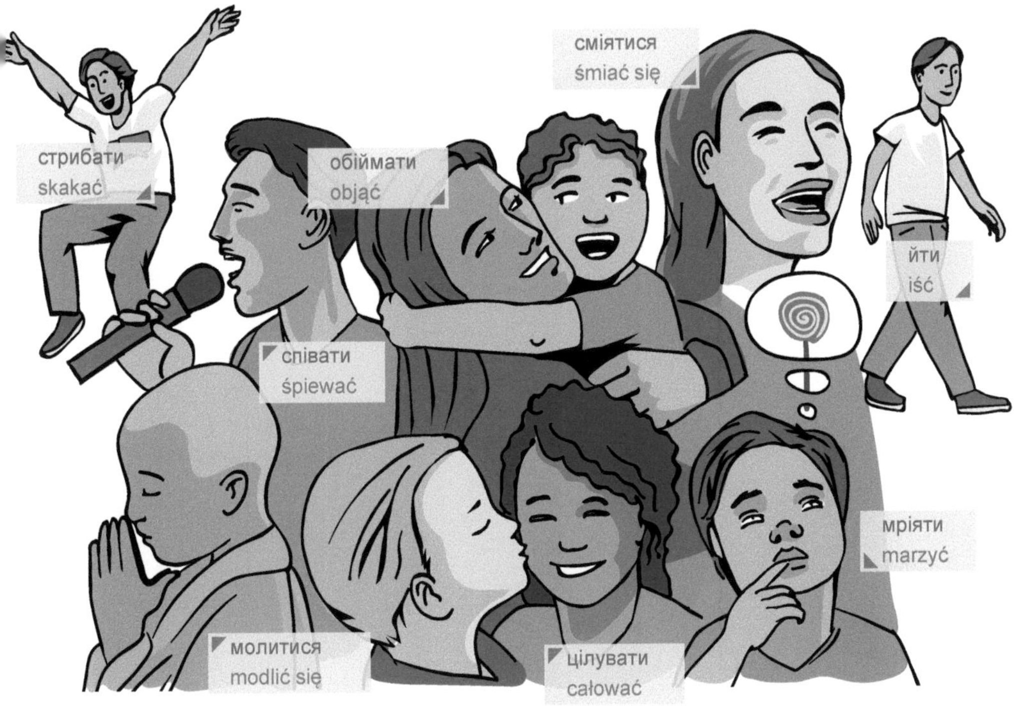

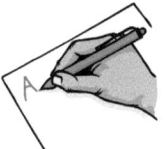

писати
pisać

малювати
rysować

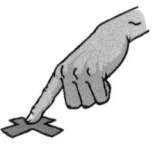

показувати
pokazywać

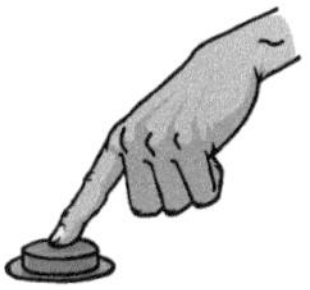

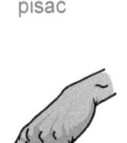

тиснути
nacisnąć

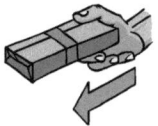

давати
dać

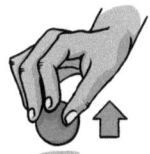

брати
wziąć

мати

mieć

робити

robić

бути

być

стояти

stać

бігати

biegać

тягнути

ciągnąć

кидати

rzucać

падати

spaść

лежати

leżeć

очікувати

czekać

носити

nosić

сидіти

siedzieć

одягати

zakładać

спати

spać

просипатися

budzić się

дивитися

spojrzeć

плакати

płakać

гладити

głaskać

розчісувати

czesać się

розмовляти

mówić

розуміти

rozumieć

питати

pytać

слухати

słyszeć

пити

pić

їсти

jeść

прибирати

sprzątać

любити

kochać

варити

gotować

їхати

jechać

літати

latać

йти під вітрилом

żeglować

рахувати

liczyć

читати

czytać

вчитися

uczyć się

працювати

pracować

одружуватися

wejść w związek małżeński

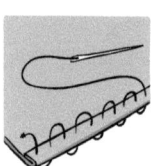

шити

szyć

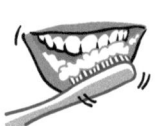

чистити зуби

myć zęby

убивати

zabić

курити

palić tytoń

посилати

wysłać

сім'я
Rodzina

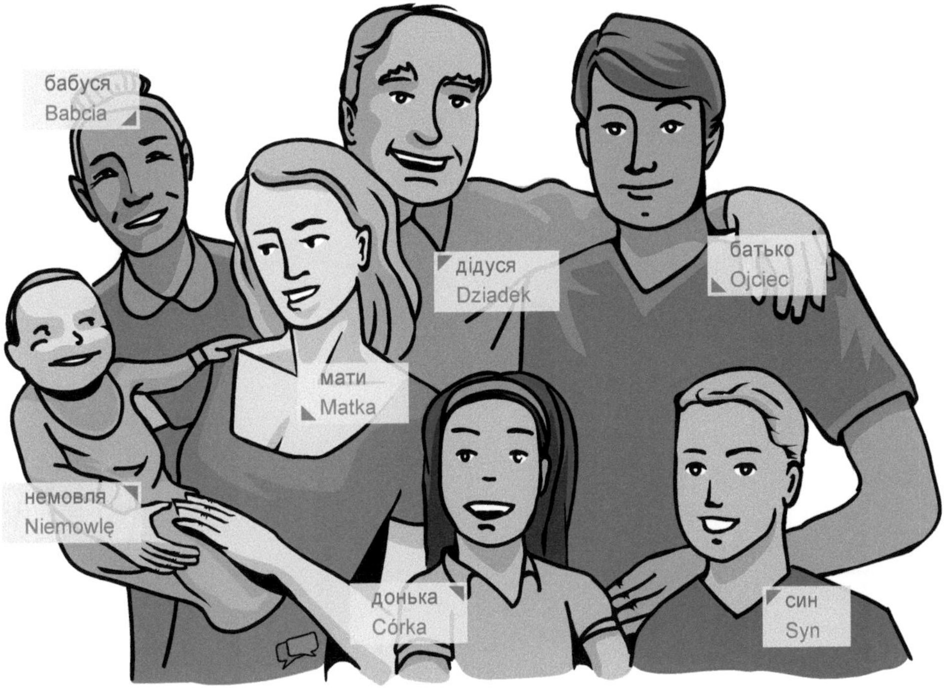
бабуся
Babcia
дідуся
Dziadek
батько
Ojciec
мати
Matka
немовля
Niemowlę
донька
Córka
син
Syn

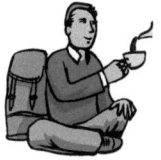

гість

Gość

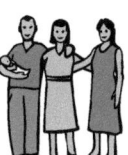

тітка

Ciotka

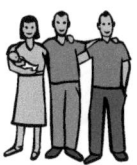

дядько

Wujek

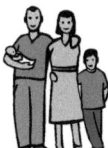

брат

Brat

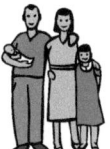

сестра

Siostra

тіло
Ciało

чоло
Czoło
око
Oko
обличчя
Twarz
підборіддя
Broda
палець
Palec
кисть
Ręka
груди
Pierś
рука
Ramię
плече
Ramię
нога
Noga

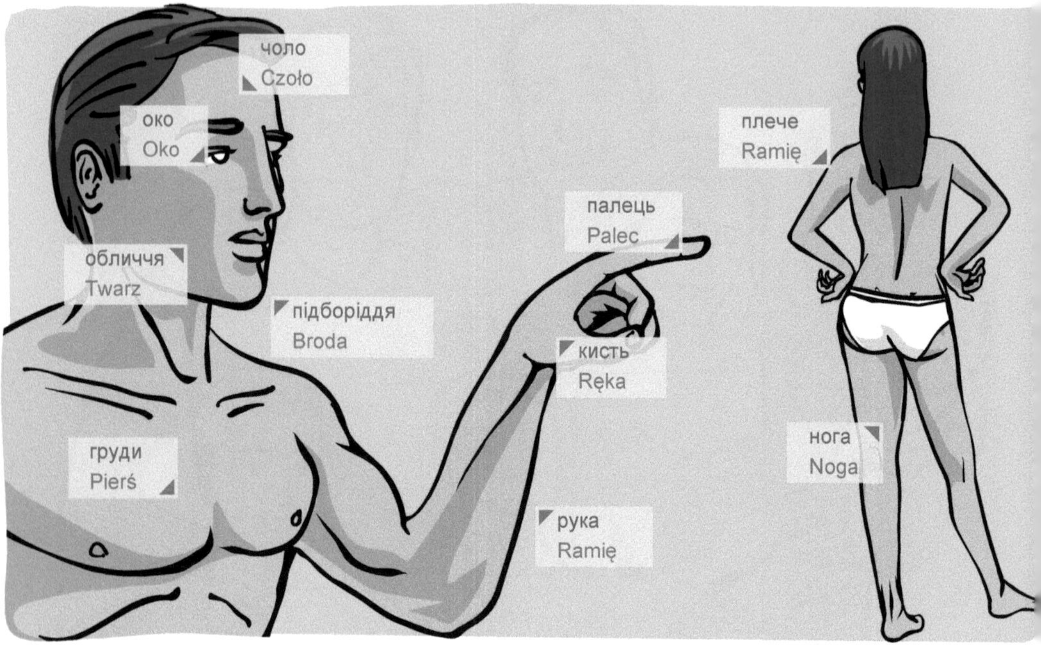

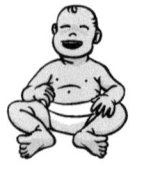

немовля

Niemowlę

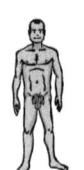

чоловік

Mężczyzna

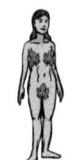

жінка

Kobieta

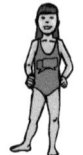

дівчина

Dziewczyna

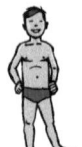

хлопчик

Chłopiec

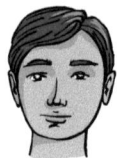

голова

Głowa

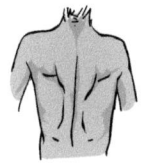

спина

Plecy

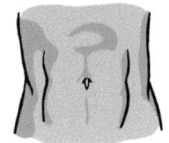

живіт

Brzuch

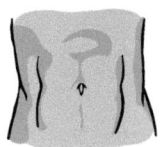

пуп

Pępek

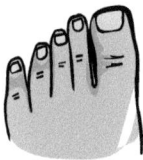

палець ноги

palec nogi

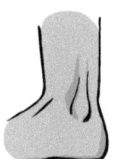

п'ята

Pięta

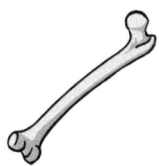

кістка

Kość

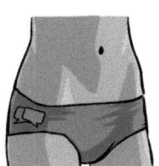

стегно

Biodro

коліно

Kolano

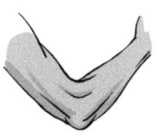

лікоть

Łokieć

ніс

Nos

сідниці

Pośladki

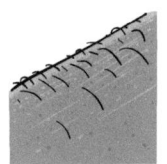

шкіра

Skóra

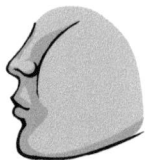

щока

Policzek

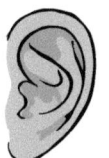

вухо

Uszy

губа

Warga

рот

Usta

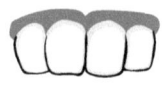

зуб

Ząb

язик

Język

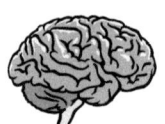

мозок

Mózg

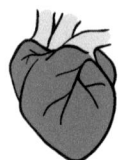

серце

Serce

м'яз

Mięsień

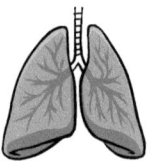

легені

Płuca

печінка

Wątroba

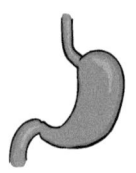

шлунок

Żołądek

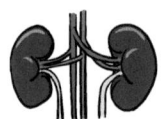

нирки

Nerki

статевий акт

Stosunek płciowy

презерватив

Kondom

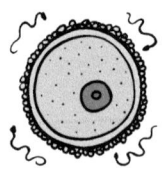

яйцеклітина

Komórka jajowa

сперма

Sperma

вагітність

Ciąża

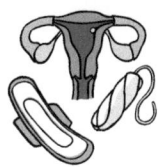

менструація

Menstruacja

вагіна

Wagina

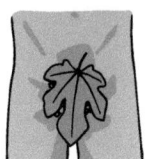

пеніс

Penis

брова

Brew

волосся

Włosy

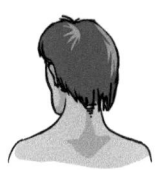

шия

Szyja

тіло - Ciało

лікарня
Szpital

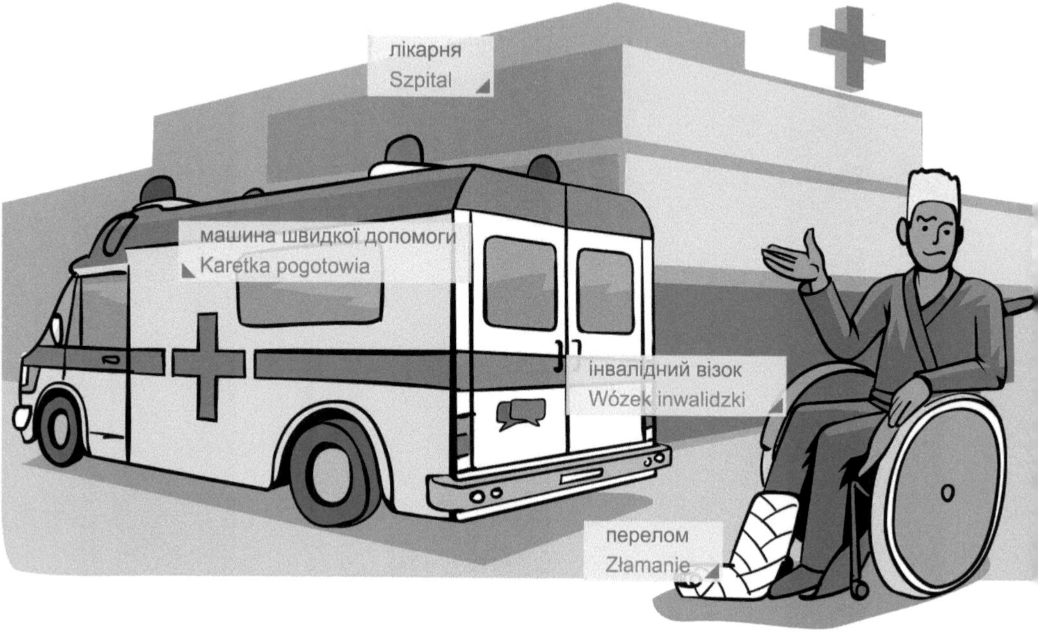

лікарня
Szpital
машина швидкої допомоги
Karetka pogotowia
інвалідний візок
Wózek inwalidzki
перелом
Złamanie

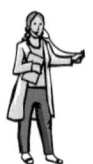

лікар

Lekarz

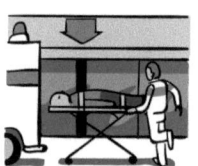

відділення швидкої медичної допомоги

Izba przyjęć

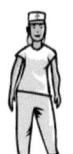

медсестра

Pielęgniarka

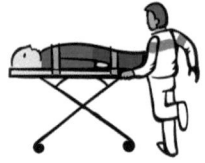

аварійний випадок

Nagły przypadek

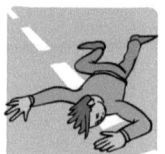

непритомний

nieprzytomny

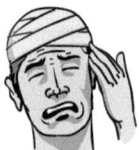

біль

Ból

травма

Skaleczenie

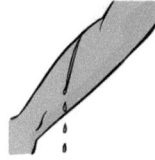

кровотеча

Krwawienie

інфаркт

Zawał serca

інсульт

Udar mózgu

алергія

Alergia

кашель

Kaszleć

лихоманка

Gorączka

грип

Grypa

пронос

Biegunka

головна біль

Ból głowy

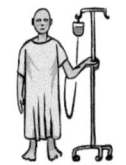

рак

Rak

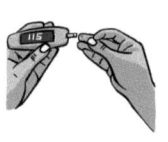

діабет

Cukrzyca

хірург

Chirurg

скальпель

Skalpel

операція

Operacja

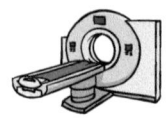

КТ
CT

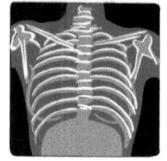

рентген
Rentgen

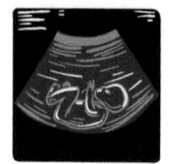

ультразвук
Ultradźwięki

маска
Maska

хвороба
Choroba

зал очікування
Poczekalnia

милиця
Kula

пластир
Plaster

пов'язка
Opatrunek

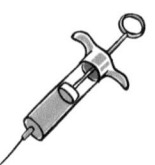

ін'єкція
Iniekcja

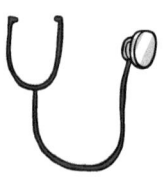

стетоскоп
Stetoskop

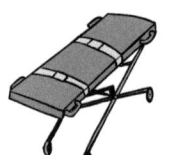

ноші
Nosze

термометр
Termometr

народження
Poród

надмірна вага
Nadwaga

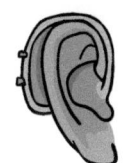

слуховий апарат

Aparat słuchowy

дезінфікуючий засіб

Środek dezynfekcyjny

інфекція

Infekcja

вірус

Wirus

ВІЛ / СНІД

HIV / AIDS

медицина

Medycyna

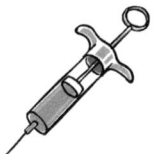

вакцинація

Szczepienie

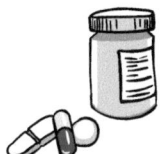

таблетки

Tabletki

протизаплідна пігулка

Pigułka

екстрений виклик

Telefon ratunkowy

тонометр

Ciśnieniomierz krwi

хворий / здоровий

chory / zdrowy

Допоможіть!

Pomocy!

сигнал тривоги

Alarm

напад

Napad

атака

Atak

небезпека

Niebezpieczeństwo

аварійний вихід

Wyjście awaryjne

Вогонь!

Pożar!

вогнегасник

Gaśnica

аварія

Wypadek

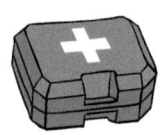

аптечка

Walizeczka pierwszej
pomocy

СОС

SOS

поліція

Policja

Європа

Europa

Північна Америка

Ameryka Północna

Південна Америка

Ameryka Południowa

Африка

Afryka

Азія

Azja

Австралія

Australia

Атлантика

Atlantyk

Тихий океан

Pacyfik

Індійський океан

Ocean Indyjski

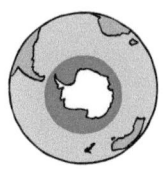

Антарктичний океан

Ocean Antarktyczny

Північний Льодовитий
океан

Ocean Arktyczny

Північний полюс

Biegun północny

Південний полюс

Biegun południowy

Антарктика

Antarktyda

Земля

Ziemia

суша

Kraj

море

Morze

острів

Wyspa

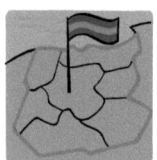

нація

Naród

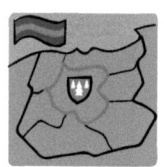

держава

Państwo

циферблат

Cyferblat

годинникова стрілка

Wskazówka godzinowa

хвилинна стрілка

Wskazówka minutowa

секундна стрілка

Wskazówka sekundowa

Котра година?

Która godzina?

день

Dzień

час

Czas

зараз

teraz

цифровий годинник

Zegarek digitalny

хвилина

Minuta

година

Godzina

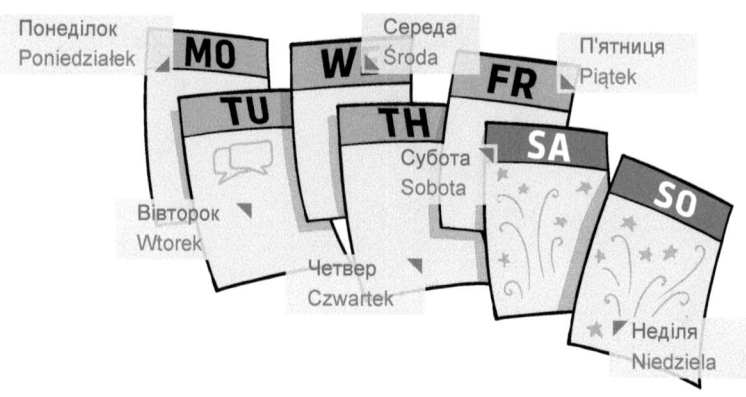

Понеділок
Poniedziałek — MO

TU — Вівторок
Wtorek

W — Середа
Środa

TH — Четвер
Czwartek

FR — П'ятниця
Piątek

SA — Субота
Sobota

SO — Неділя
Niedziela

вчора
wczoraj

сьогодні
dzisiaj

завтра
jutro

ранок
Rano

опівдні
Południe

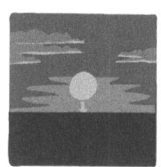

вечір
Wieczór

робочі дні
Dni robocze

кінець робочого тижня
Weekend

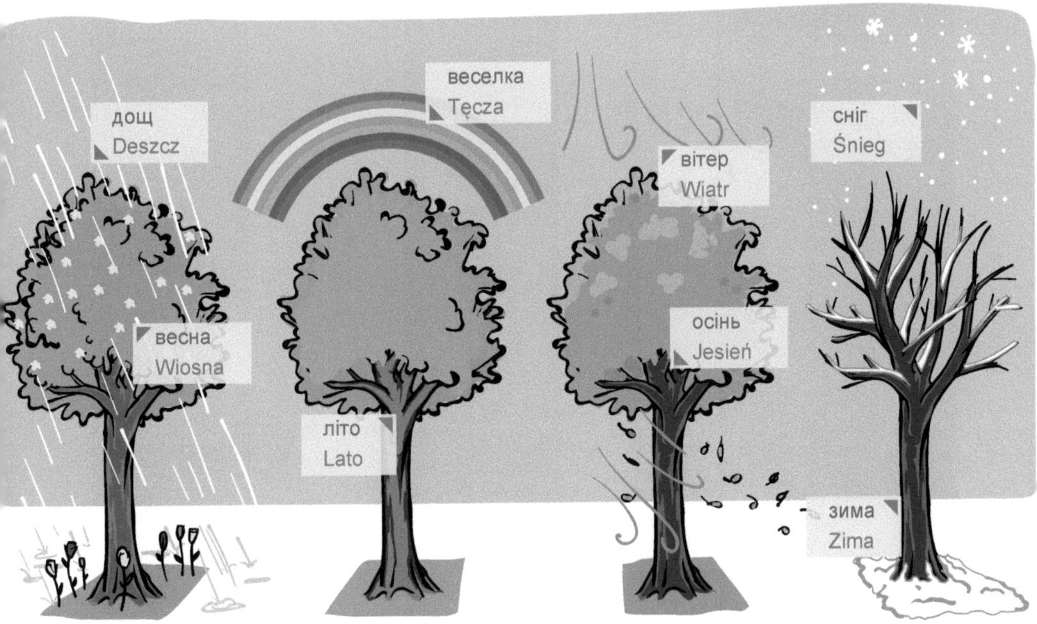

дощ
Deszcz
веселка
Tęcza
вітер
Wiatr
сніг
Śnieg
весна
Wiosna
осінь
Jesień
літо
Lato
зима
Zima

4.APRIL 11°
5.APRIL 4°
6.APRIL 13°
7.APRIL 8°
8.APRIL 10°

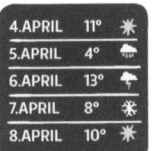

прогноз погоди

Prognoza pogody

F
C
120
90
60
30
0
-30
40
30
20
10
0
-10
-20

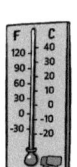

термометр

Termometr

сонячне світло

Światło słoneczne

хмара

Chmura

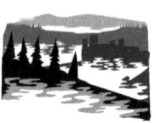

туман

Mgła

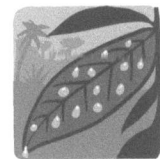

вологість повітря

Wilgotność powietrza

блискавка

Błyskawica

грім

Grzmot

шторм

Sztorm

град

Grad

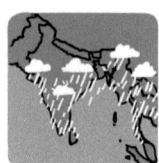

мусон

Monsun

повінь

Potop

лід

Lód

Січень

Styczeń

Лютий

Luty

Березень

Marzec

Квітень

Kwiecień

Травень

Maj

Червень

Czerwiec

Липень

Lipiec

Серпень

Sierpień

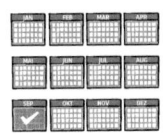

Вересень

Wrzesień

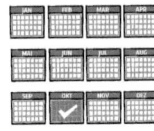

Жовтень

Październik

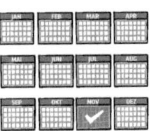

Листопад

Listopad

Грудень

Grudzień

круг

Koło

квадрат

Kwadrat

прямокутник

Prostokąt

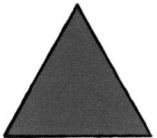

трикутник

Trójkąt

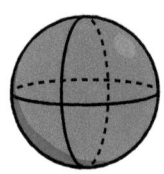

куля

Kula

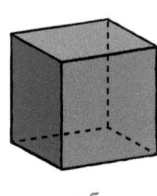

куб

Sześcian

білий

biały

жовтий

żółty

помаранчевий

pomarańczowy

рожевий

różowy

червоний

czerwony

фіолетовий

liliowy

синій

niebieski

зелений

zielony

коричневий

brązowy

сірий

szary

чорний

czarny

багато / мало

dużo / mało

лютий / мирний

wściekły / spokojny

гарний / бридкий

piękny / brzydki

початок / кінець

początek / koniec

великий / малий

duży / mały

світлий / темний

jasny / ciemny

брат / сестра

brat / siostra

чистий / брудний

czysty / brudny

завершений / незавершений

kompletny / niekompletny

день / ніч

dzień / noc

мертвий / живий

umarły / żywy

широкий / вузький

szeroki / wąski

їстівний / неїстівний

jadalny / niejadalny

злий / дружній

zły / uprzejmy

збуджений / нудьгуючий

podniecony / znudzony

товстий / тонкий

gruby / chudy

спочатку / востаннє

najpierw / na końcu

друг / ворог

przyjaciel / wróg

повний / порожній

pełen / pusty

жорсткий / м'який

twardy / miękki

важкий / легкий

ciężki / lekki

голод / спрага

głód / pragnienie

хворий / здоровий

chory / zdrowy

незаконний / законний

nielegalny / legalny

розумний / дурний

inteligentny / głupi

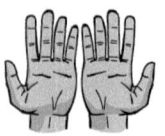

вліво / вправо

lewo / prawo

поруч / далеко

bliski / daleki

новий / використаний
nowy / używany

нічого / щось
nic / coś

старий / молодий
stary / młody

вкл / викл
włącz / wyłącz

відкрито / закрито
otwarty / zamknięty

тихо / гучно
cichy / głośny

багатий / бідний
bogaty / biedny

правильно / неправильно
prawidłowy / błędny

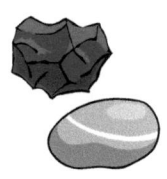

шорсткий / гладкий
chropowaty / gładki

сумний / щасливий
smutny / szczęśliwy

короткий / довгий
krótki / długi

повільно / швидко
powolny / szybki

вологий / сухий
mokry/suchy

гарячий / холодний
ciepły / chłodny

війна / мир
wojna / pokój

0

нуль

zero

1

один

jeden

2

два

dwa

3

три

trzy

4

чотири

cztery

5

п'ять

pięć

6

шість

sześć

7

сім

siedem

8

вісім

osiem

9

дев'ять

dziewięć

10

десять

dziesięć

11

одинадцять

jedenaście

12

дванадцять

dwanaście

13

тринадцять

trzynaście

14

чотирнадцять

czternaście

15

п'ятнадцять

piętnaście

16

шістнадцять

szesnaście

17

сімнадцять

siedemnaście

18

вісімнадцять

osiemnaście

19

дев'ятнадцять

dziewiętnaście

20

двадцять

dwadzieścia

100

сто

sto

1.000

тисяча

tysiąc

1.000.000

мільйон

milion

англійська

Angielski

американська англійська

Angielski amerykański

китайська
високочиновницька

Chiński mandaryński

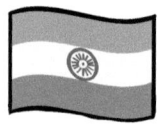

хінді

Hindi

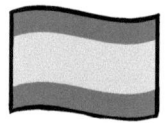

іспанська

Hiszpański

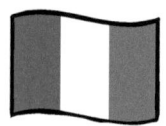

французька

Francuski

арабська

Arabski

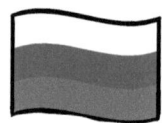

російська

Rosyjski

португальська

Portugalski

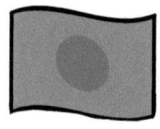

бенгальська

Bengalski

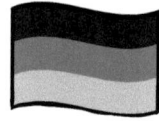

німецька

Niemiecki

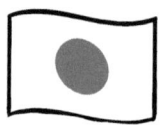

японська

Japoński

я
ja

ти
ty

він / вона / воно
on / ona / ono

ми
my

ви
wy

вони
oni

хто?
kto?

що?
co?

як?
jak?

де?
gdzie?

коли?
kiedy?

ім'я
Nazwisko

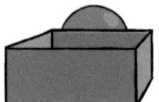

ззаду
za

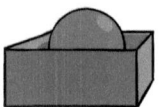

в
w

перед
przed

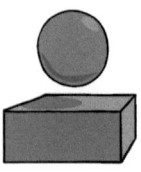

над
powyżej

на
na

під
pod

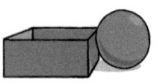

біля
obok

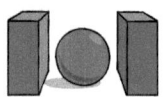

між
między

місце
Miejsce